LOI
SUR LA PROPRIÉTÉ COMMERCIALE

Réglant les rapports entre locataires et bailleurs
en ce qui concerne le renouvellement des baux
à loyer d'immeubles ou de locaux à usage commercial ou industriel.

(*Journal officiel* des 1er et 2 juillet 1926.)

Modifiée par la loi du 22 avril 1927, tendant à
« l'interpréter et à la compléter ».

(*Journal officiel* du 24 avril 1927.)

LOI DU 21 JUILLET 1927

Modifiant le DROIT DE REPRISE, articles 5 et 7
de la loi du 1er avril 1926.

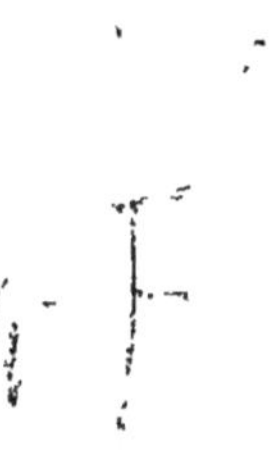

LES PRESSES UNIVERSITAIRES DE FRANCE
49, BOULEVARD SAINT-MICHEL, PARIS

LOI SUR LA PROPRIÉTÉ COMMERCIALE

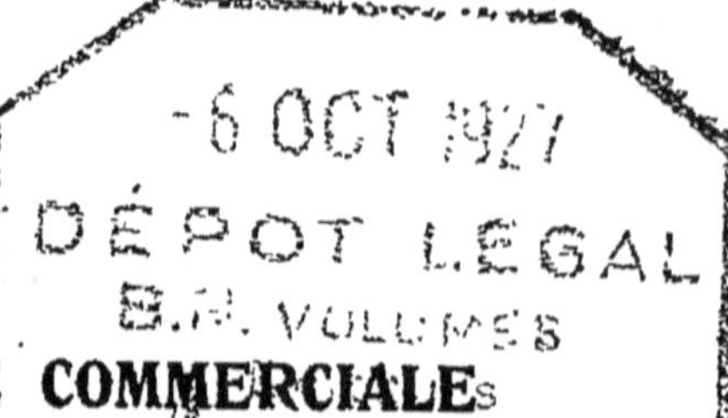

LOI DU 30 JUIN 1926

Réglant les rapports entre locataires et bailleurs en ce qui concerne le renouvellement des baux à loyer d'immeubles ou de locaux à usage commercial ou industriel.

(*Journal officiel* des 1er et 2 juillet 1926.)

Modifiée par la loi du 22 avril 1927, tendant à « l'interpréter et à la compléter ».

(*Journal officiel* du 24 avril 1927.)

ARTICLE PREMIER

Le renouvellement des baux à loyer des locaux et immeubles où s'exploite depuis au moins deux années un fonds de commerce ou d'industrie est régi par les règles ci-après.

ARTICLE 2

§ 1. Le locataire, le cessionnaire ou les ayants cause qui voudront obtenir le renouvellement d'un bail écrit devront, dans le délai maximum de deux ans et minimum de dix-huit mois avant l'expiration du bail, ou avant l'expiration de la prorogation, s'il en existe une, notifier une demande de renouvellement au propriétaire par acte extra-judiciaire ou par lettre recommandée avec avis de réception.

§ 2. Toutefois, si le bail comporte plusieurs périodes et que le bailleur dénonce le bail à l'expiration de l'une des périodes autre que la dernière, s'il s'agit d'un bail dont la durée est subordonnée à un événement dont la réalisation autorise le bailleur à demander la résiliation, la demande en renouvellement devra être formée dans le mois qui suivra le congé ou la demande en résiliation.

§ 3. Si la résiliation doit s'opérer de plein droit, le délai d'un mois partira de la date de la notification faite au locataire de l'événement qui l'aura déterminée.

§ 4. Faute d'accord entre les parties dans les deux mois de cette notification, le bailleur et le locataire comparaîtront, à la requête de la partie la plus diligente, et quel que soit le montant du loyer, devant le président du tribunal civil de la situation de l'immeuble, lequel aura pour mission de concilier les parties en vue du renouvellement sollicité et de faire consigner, le cas échéant, leurs prétentions respectives et, notamment, les motifs de refus opposés par le bailleur.

§ 5. Cette comparution est obligatoire dans tous les cas et quelles que soient les raisons pour lesquelles l'accord n'est pas réalisé.

§ 6. Le président du tribunal sera saisi, soit par lettre recommandée avec avis de réception, soit par déclaration faite au greffe. Ce magistrat convoquera les parties à son audience, huit jours au moins à l'avance, par lettre recommandée du greffier avec avis de réception.

§ 7. Si l'une des parties ne comparaît pas, le juge devra ordonner son assignation avant de prononcer défaut.

§ 8. Le locataire défaillant sera déchu du bénéfice de la présente loi.

§ 9. Le propriétaire défaillant sera présumé consentir au renouvellement du bail, dont le prix et la durée seront réglés dans les conditions prévues à l'art. 3.

§ 10. Toutefois, la partie défaillante aura droit de faire opposition dans le délai de quinzaine de la signification de l'ordonnance rendue contre elle.

§ 11. L'opposition aux ordonnances par défaut contiendra les moyens de l'opposant et assignation ; elle sera signifiée à personne ou à domicile.

§ 12. Les parties comparaîtront en personne ; toutefois, elles pourront se faire assister ou, en cas d'excuse, se faire représenter par un avoué ou un avocat régulièrement inscrit, dispensé de procuration.

§ 13. Le greffier recevra les émoluments fixés par le tarif général du 15 décembre 1925.

ARTICLE 3

§ 1. Lorsqu'il résultera du procès-verbal dressé par le juge que le bailleur consent, en principe, au renouvellement et, si le différend porte sur le prix, la durée, les conditions accessoires ou sur l'ensemble de ces éléments, chacune des parties désignera un arbitre.

§ 2. La désignation des arbitres sera faite par déclaration au greffe, soit par les parties, soit par leurs représentants, ainsi qu'il est déterminé au dernier alinéa de l'art. 2. Avis de leur désignation sera donné aux arbitres par le greffier.

§ 3. Ne pourront être désignés comme arbitres, dans le ressort du tribunal dont ils dépendent et auquel le litige est soumis : les greffiers, huissiers ou leurs employés.

§ 4. Faute par l'une des parties d'avoir procédé à cette désignation dans les quinze jours qui suivront l'audience de conciliation ou l'expiration des délais d'opposition, il y sera pourvu d'office par le président.

§ 5. Pour la fixation du prix, les arbitres devront tenir compte de toutes considérations de fait et, notamment, de la situation économique.

§ 6. Si le propriétaire justifie d'une offre faite par un tiers, les arbitres vérifieront la sincérité et la réalité de cette offre que le propriétaire pourra accepter si le locataire ne peut faire une offre égale. Le prix du loyer sera alors fixé au montant de l'offre reconnue sincère et réelle.

§ 7. Les arbitres devront, en outre, examiner si cette offre est hors de proportion avec la valeur du loyer sur lequel le propriétaire pouvait raisonnablement compter. Dans ce cas, le locataire qui renoncera au renouvellement du bail, en raison du prix excessif du loyer imposé par l'offre, pourra réclamer une indemnité d'éviction dans les termes de l'art. 4 ci-après.

§ 8. Cette indemnité sera à la charge du nouvel occupant et versée par lui avant son entrée en jouissance, faute de quoi le propriétaire sera tenu du payement.

§ 9. Sauf accord entre les parties, la durée du nouveau bail imposé par les arbitres sera égale à celle du bail en cours, sans toutefois, dépasser neuf ans.

§ 10. Les autres conditions proposées par le propriétaire dans un intérêt légitime seront homologuées par les arbitres, sauf à en tenir compte dans la détermination du prix.

§ 11. Le rapport des arbitres sera déposé au greffe.

Chaque partie avancera, et supportera, en cas de conciliation, les frais et honoraires de l'arbitre par elle choisi. En cas de non-conciliation, ces frais et honoraires feront masse avec les autres frais pour être supportés ainsi qu'il en sera décidé par le juge.

§ 12. En cas de désaccord entre les arbitres, l'affaire reviendra, à la requête de la partie la plus diligente, devant le président du tribunal, qui statuera après en avoir conféré avec les arbitres et entendu les parties. Celles-ci pourront se faire assister ou, en cas d'excuse, représenter par un avoué ou par un avocat régulièrement inscrit, dispensé de procuration. En cas de difficulté particulière, le président pourra ordonner une expertise.

§ 13. L'ordonnance devra être motivée. Appel pourra en être relevé dans les quinze jours de la signification. Il contiendra assignation et sera signifié à personne ou à domicile et sera porté directement en audience spéciale.

§ 14. Dans les quinze jours qui suivront la décision, les parties dresseront le nouveau bail dans les conditions convenues et arbitrées, si mieux n'aime le locataire renoncer à sa demande de renouvellement, à charge par lui de supporter tous les frais.

§ 15. Si les conditions économiques se sont modifiées au point d'entraîner une variation de plus du quart de la valeur locative fixée par les arbitres ou le président, les parties pourront demander la revision du prix fixé. Cette demande, recevable dans les formes ci-dessus prescrites, ne pourra être formée que trois ans au moins après l'entrée en jouissance du locataire et n'être renouvelée que tous les trois ans après que le nouveau prix aura été payé.

ARTICLE 4

§ 1. Si le bailleur refuse de renouveler le bail, ou s'il refuse le renouvellement aux conditions déterminées en application des articles précédents, et si les motifs allégués par lui ne sont.pas jugés graves et légitimes à l'encontre du locataire sortant, celui-ci aura droit à une indemnité égale au préjudice causé par le défaut de renouvellement.

§ 2. L'assignation devra être signifiée dans la quinzaine du procès-verbal de non-conciliation ou de la notification, intervenue postérieurement, du refus de renouvellement aux conditions déterminées en application des art. 2 et 3 de la loi susvisée, opposé par le propriétaire. La notification faite par ministère d'huissier devra mentionner expressément le délai de quinzaine à peine de nullité. Elle sera donnée devant le tribunal civil dont le jugement pourra être frappé d'appel dans les quinze jours de la signification.

§ 3. Cet appel sera porté directement en audience spéciale.

§ 4. Le propriétaire qui aura succombé pourra, néanmoins, dans la quinzaine de la signification de la décision définitive, se soustraire au payement de l'indemnité, à charge par lui de supporter les frais de l'instance et de consentir au renouvellement du bail dont les conditions, en cas de désaccord, seront fixées conformément aux règles de l'art. 3.

§ 5. Le locataire sortant aura droit, même au cas où, par application de l'article suivant, il n'aurait pas d'indemnité à recevoir, de faire évaluer l'indemnité éventuelle prévue au premier paragraphe, ainsi que celle de l'art. 8 ci-après, par la procédure prévue à la présente loi.

ARTICLE 5

§ 1. Le propriétaire aura le droit de refuser tout renouvellement du bail lorsqu'il reprendra les locaux loués soit pour les occuper personnellement et effectivement, soit pour les faire occuper par son conjoint, ses descendants, ses ascendants ou leurs conjoints, soit pour reconstruire l'immeuble. Si la reprise a été effectuée en vue d'une affectation commerciale ou industrielle, seuls le propriétaire, son conjoint, ses descendants et les conjoints de ceux-ci en pourront bénéficier.

§ 2. Toutefois, si le local ou l'immeuble a été acquis par un commerçant ou un industriel déjà établi en vue d'agrandir les locaux où il exerce son commerce ou de fonder une succursale, le locataire sortant aura droit à l'indemnité prévue à l'art. 4, même en cas de reconstruction de l'immeuble.

§ 3. L'acquisition visée au précédent alinéa sera même présumée faite dans ce but, sauf preuve contraire, si elle n'a pas date certaine avant les cinq ans qui précèdent l'expiration du bail ou la fin de sa prorogation.

§ 4. Au cas où il viendrait à être établi à la charge du propriétaire qu'il n'a exercé la reprise du local que dans le but de faire fraude au droit du locataire, notamment par des opérations de location ou de revente, que ces opérations aient un caractère civil ou commercial, le locataire aura droit à l'indemnité d'éviction.

§ 5. Le propriétaire qui veut exercer le droit de reprise, conformément au présent article, devra donner préavis, par acte extrajudiciaire, au locataire occupant, dans le délai de deux mois à partir de la demande en renouvellement.

§ 6. Un préavis de six mois devra être donné au locataire dans le cas où le propriétaire, prouvant que l'immeuble menace ruine ou est insalubre, veut le reconstruire ou le transformer.

ARTICLE 6

Lorsque le bailleur est à la fois propriétaire de l'immeuble loué et du fonds de commerce qui y est exploité et que le bail porte en même temps sur les deux, en cas de non-renouvellement du bail, il ne devra une indemnité au locataire qui aura continué le commerce déjà existant que dans la mesure fixée à l'article 7.

ARTICLE 7

Dans le cas où il exerce la reprise des locaux loués pour un usage commercial ou industriel, sans être tenu à l'indemnité prévue à l'art. 4, le propriétaire devra, à moins qu'il ne préfère demander la remise des locaux en l'état où ils étaient lors de l'entrée en jouissance, payer au locataire sortant une indemnité à concurrence du profit qu'il aura retiré de la plus-value apportée par lui à la valeur locative de l'immeuble, par suite des aménagements effectués si, d'après le bail, ceux-ci ne deviennent pas la propriété du bailleur, sans que cette indemnité puisse dépasser le prix de la main-d'œuvre et la valeur des matériaux employés.

ARTICLE 8

§ 1. Si, dans les cinq ans qui suivent l'expiration du bail, l'immeuble est occupé par un commerce ou une industrie similaire et que le nouvel occupant tire un avantage appréciable de l'accroissement de clientèle ou d'achalandage créés ou acquis par le locataire sortant, celui-ci pourra agir contre le nouvel occupant en indemnité, à concurrence de son enrichissement.

§ 2. Cette action se cumulera, s'il y a lieu, avec celle de l'art. 4.

ARTICLE 9

§ 1. Sauf motif légitime, le droit au bail dont le renouvellement aura été obtenu dans les conditions ci-dessus déterminées ne pourra être cédé que par les locataires ayant personnellement exercé, pendant trois ans au moins, le commerce dans l'immeuble loué.

§ 2. En cas de cession consentie par un locataire ne remplissant pas cette condition, le renouvellement sera considéré comme nul et non avenu et le bail résilié.

ARTICLE 10

Toutes les actions exercées en vertu de la présente loi sont portées devant le tribunal civil de la situation de l'immeuble et se prescrivent par une durée de deux ans.

ARTICLE 11

Les dispositions ci-dessus s'appliquent aux baux de terrains sur lesquels des constructions à usage industriel ou commercial ont été édifiées soit par le propriétaire, soit par le preneur, mais seulement si ces constructions ont été, à la connaissance du propriétaire et dans la commune intention des parties, la raison même de la location. Elles ne sont pas applicables aux baux emphytéotiques. Toutefois, les baux consentis par l'emphytéote bénéficient des dispositions ci-dessus sans que, cependant, la durée du renouvellement puisse dépasser la durée du bail emphytéotique.

ARTICLE 12

Le propriétaire aura le droit de refuser tout renouvellement du bail, sans devoir aucune indemnité, lorsqu'il voudra reprendre, dans le but de construire des immeubles à usage principal d'habitation, ou des constructions ayant ce caractère d'utilité générale, tout ou partie des terrains loués nus précédemment même s'il y a été établi des logements pour gardiens ou des installations pour l'exploitation desdits terrains.

ARTICLE 13

§ 1. Sont nuls et de nul effet, quelle qu'en soit la forme, les clauses, stipulations et arrangements intervenus dans le but de faire échec au droit de renouvellement institué par la présente loi, sauf si ces clauses, stipulations et arrangements ayant pour but de fixer la sortie du locataire constituent des accords intervenus devant le juge.

§ 2. Les baux ou promesses de baux consentis à des tiers pour la période qui doit suivre les baux en cours ne font échec à ce droit de renouvellement que s'ils ont date certaine avant le 1er janvier 1923.

§ 3. La date certaine devra même être antérieure au 1er août 1914, lorsque les locataires actuels auront été mobilisés pendant deux ans au moins au cours des hostilités ou qu'ils auront été réformés pour blessures reçues ou maladies contractées en service pendant cette période ou lorsque lesdits locataires seront des veuves de guerre non remariées, des pères ou des mères dont les fils sont morts pour la France, des sociétés en nom collectif dont tous les membres auront été mobilisés dans les conditions ci-dessus ou des sinistrés dont l'habitation a été détruite ou rendue inhabitable par faits de guerre, si elle n'a pas été reconstruite et si le sinistré n'a pas cédé ses dommages de guerre.

§ 4. L'exercice par le locataire de son droit de renouvellement libère le propriétaire de toutes les obligations résultant des baux et promesses de baux consentis par lui à des tiers.

ARTICLE 14

§ 1. A titre transitoire, le délai minimum de dix-huit mois avant l'expiration du bail, précédemment prévu pour la demande de renouvellement, ne sera pas opposable aux locataires dont les baux auront moins de deux ans à courir à la date de la promulgation de la loi.

§ 2. Pour le renouvellement de ces baux et de ceux

qui auraient pris fin au 30 juin 1926, la demande devra être formée avant l'expiration du bail et, au plus tard, dans les trois mois, à partir du 15 avril 1927.

ARTICLE 15

§ 1. Pendant les six mois qui suivront la promulgation de la présente loi, la demande de renouvellement pourra être faite :

1º Par tout locataire qui pourra exciper, à l'origine de sa possession, d'un bail écrit, soit que ce bail soit encore en cours, soit qu'il ait été renouvelé par tacite reconduction ou prorogé à l'amiable par l'effet de la loi ou par décision de justice ;

2º Par tout locataire qui ne pourra exciper d'un bail écrit, mais dont la possession aura eu, à la date de la promulgation de la loi, une durée égale ou supérieure à quinze années. Toutefois, ce délai de quinze ans sera réduit à cinq ans pour les locataires commerçants démobilisés qui ont installé leur fonds de commerce dans les lieux loués depuis leur démobilisation.

§ 2. Dans ce dernier cas, la durée du nouveau bail sera fixée par le juge et ne pourra être inférieure à trois ans.

ARTICLE 16

Pour les baux expirés lors de la promulgation de la présente loi, le prix de location du bail renouvelé sera dû à partir du jour de la demande en renouvellement ; pour ceux venant à expiration au cours de l'instance, ce prix sera dû à partir du jour de l'expiration du bail ou de sa prorogation.

ARTICLE 17

§ 1. Les locataires qui pourront invoquer, en vertu d'un bail verbal, une jouissance consécutive d'au moins neuf ans, pourront demander un renouvellement de bail pour une durée de trois années dans les conditions de l'art. 3.

§ 2. Cette demande de renouvellement devra être formée par acte extrajudiciaire dans le mois qui suivra le congé donné par le propriétaire.

ARTICLE 18

§ 1. La présente loi n'est applicable ni aux locations portant sur des établissements appartenant à l'État, aux départements, aux communes et aux établissements publics, sous condition que le refus de renouvellement corresponde à un intérêt public, que ces locations aient été faites sous la forme d'adjudications ou de marchés de gré à gré, ni aux locations d'immeubles destinés par des collectivités à des travaux d'utilité publique.

§ 2. Elle est applicable aux établissements d'enseignement ainsi qu'aux artisans et façonniers que les lois fiscales du 31 juillet 1917 et du 30 juin 1923 ont exonérés de l'impôt sur les bénéfices industriels et commerciaux.

ARTICLE 18 *bis*

§ 1. Les locataires de bonne foi, dont les baux, au 30 juin 1926, étaient expirés ou n'avaient pas deux ans avant leur expiration, seront maintenus dans les locaux, par le président du tribunal, pour un temps qui ne pourra être inférieur à trois mois ni dépasser six mois.

§ 2. Si une décision judiciaire passée en force de chose jugée, mais non exécutée, est intervenue à l'encontre de ces locataires, le président du tribunal, statuant en référé, pourra accorder un délai de grâce ne devant pas dépasser six mois.

ARTICLE 19

§ 1. La présente loi ne pourra être invoquée par les commerçants ou industriels de nationalité étrangère appartenant à des pays où n'existe pas, au profit des Français, une législation analogue protégeant la propriété commerciale, à moins qu'ils ne soient dans l'un des cas prévus par les alinéas 1, 3 et 4 du paragraphe 5 de l'art. 8 du Code civil, ou qu'ils n'aient combattu dans les armées alliées, ou qu'ils n'aient des enfants ayant la qualité de Français.

§ 2. Les dispositions de l'art. 5 ci-dessus, exception faite pour le cas prévu au dernier paragraphe de cet article, ne s'appliquent pas aux bailleurs de nationalité étrangère, quelle que soit d'ailleurs la date de leur possession, à moins qu'ils ne se trouvent dans les conditions prévues *in fine* au précédent paragraphe.

§ 3. Les dispositions des deux précédents alinéas demeurent applicables au cas où les bailleurs et locataires de nationalité étrangère agiraient par personne interposée.

ARTICLE 20

§ 1. La présente loi est applicable à l'Algérie et aux départements du Haut-Rhin, du Bas-Rhin et de la Moselle.

§ 2. Des décrets édicteront dans les colonies et pays de protectorat dépendant du ministère des colonies les dispositions qui pourront être nécessaires.

LOI DU 21 JUILLET 1927
Modifiant le DROIT DE REPRISE, articles 5 et 7 de la loi du 1ᵉʳ avril 1926 (1).

ARTICLE 5

Le droit à la prorogation n'est pas opposable au propriétaire de nationalité française qui, ayant acquis un immeuble ou une partie d'immeuble par acte ayant date certaine avant le 1ᵉʳ mars 1926, voudra occuper par lui-même cet immeuble ou une partie de cet immeuble.

Toutefois, lorsqu'il sera établi par l'occupant que le propriétaire invoque le droit de reprise, non pas pour satisfaire un intérêt légitime, mais dans l'intention de nuire à l'occupant, ou d'éluder les dispositions qui régissent la détermination du prix du loyer, les juges devront refuser au propriétaire l'exercice de ce droit.

De même le droit à la prorogation n'est pas opposable au propriétaire remplissant les conditions visées au § 1 qui justifiera d'un motif légitime pour faire occuper l'immeuble ou une partie de l'immeuble par ses ascendants ou descendants ou par ceux de son conjoint vivant ou devant vivre séparément d'avec lui.

Le propriétaire de nationalité française, dont l'acquisition est postérieure au 1ᵉʳ mars 1926, ne pourra bénéficier du droit de reprise qu'à la condition de mettre préalablement à la disposition du locataire un local d'habitation répondant sensiblement par sa surface, par son prix et par sa situation aux mêmes besoins que celui dont il veut reprendre l'usage.

Le droit reconnu au propriétaire par les alinéas précédents, ne pourra porter que sur les locaux servant exclusivement à l'habitation et ne pourra s'exercer qu'une seule fois au profit de chacun des bénéficiaires ci-dessus énoncés, quelle que soit la date

(1) *J. off.* du 22 juillet 1927.

de l'exercice de ce droit et la loi en vertu de laquelle il a été exercé.

Le propriétaire qui voudra bénéficier du droit de reprise devra prévenir suivant les usages des lieux et au moins six mois à l'avance, par acte extrajudiciaire, le locataire dont il se propose de reprendre le local. Ledit acte devra en outre, et à peine de nullité, quand le propriétaire exercera le droit de reprise en vertu du 3e paragraphe, indiquer avec précision le ou les motifs légitimes, sur lesquels il entend baser son action.

ARTICLE 7

Le propriétaire ayant excipé des dispositions des articles 5 et 6 et qui, dans un délai de 3 mois à dater du départ du locataire, et pendant une durée minimum de 3 ans, n'aura pas occupé ou fait occuper l'immeuble par ceux des bénéficiaires pour le compte de qui il l'avait réclamé sera, pour l'avenir, déchu de tous droits de reprise, frappé d'une amende de 500 à 5.000 francs et devra au locataire congédié une indemnité qui ne pourra être inférieure à une année de loyer du local précédemment occupé, ni supérieure à cinq années, sans que le locataire évincé ait à faire la preuve d'aucun préjudice. Ce locataire, en cas de non-occupation, pourra demander la réintégration ; en ce cas l'indemnité ne sera pas due.

Cette déchéance ne sera pas encourue et cette indemnité ne sera point due si un cas fortuit ou de force majeure a empêché l'exercice normal du droit de reprise.

L'article 463 du Code pénal est applicable à l'infraction prévue par le paragraphe premier.

Imp. des *Presses Universitaires de France*, Paris. — 1927. — 0.853

www.ingramcontent.com/pod-product-compliance
Lightning Source LLC
LaVergne TN
LVHW021458060726
842527LV00006B/2326